Originalausgabe *Lebensgedanken*

Herstellung: Books on Demand GmbH

Hamburg /Frankfurt, Juli 2001

Lektorat: Marga Schard

Umschlaggestaltung und digitale Kunstwerke
by Žan Mokran

Layout
by Žan Mokran & Tanja Schard

Produziert auf Apple Macintosh G4
Schrift: Helvetica
Printed in Germany
ISBN 3 - 8 3 1 1 - 2 2 6 9 - 5

Informationen zu Tanja Schard und ANDRAS FFM im Internet unter:

www.mokran.de

eMail Kontakt:

tanja.schard@web.de
andras@mokran.de

Tanja Schard

Lebens gedanken

ANDRAS
F F M

Mein Dank geht an alle diejenigen, die meinen ersten Gedichtband so positiv aufgenommen haben und mir mit ihren Äußerungen Mut gemacht haben, mich an den zweiten Band zu wagen.

Dieses Buch ist meiner Großmutter gewidmet.

Nie richtig

Konntest nie richtig zärtlich sein,
und doch habe ich deine Liebe
gespürt.

Konntest nie richtig weinen,
und doch habe ich deine Traurigkeit
bemerkt.

Konntest nie richtig leiden,
und doch habe ich deinen Schmerz
gesehen.

Heute ist es zu spät, dir zu sagen,
wie lieb ich dich habe,
wie traurig mich das macht,
es dir nicht mehr sagen zu können,
und wie schmerzlich mir bewußt ist,
daß ich es dir nie richtig gesagt habe.

(An meine Oma)

Nur für dich

Will für dich nach Sternen greifen,
verzier' den Mond mit bunten
Streifen,
möchte dir 'nen Traum aus Rosen
binden,
für dich den Stein der Weisen finden.

Tauch' für dich im Meer nach
Schätzen,
suche nach verwunschenen Plätzen,
nur um sie dir danach zu zeigen,
mache alles dir zu eigen.

Fang' für dich 'nen Regenbogen,
damit ich ihn, ganz ungelogen,
dir ans Fenster kleben kann,
denn so kannst du ab und an,
an diesem Bild vielleicht ermessen,
bei mir bist du niemals vergessen.

Nur das Beste taugt für dich,
damit du siehst, ich liebe dich.

Platonische Liebe - eine Wandlung

Vertrautheit, die der Körper kennt,
wird jetzt durch den Verstand
getrennt,
in reine Freundschaft, geistig nur,
Begehren kommt auf die Abstellspur.

Ein schizophrenes Liebespaar,
schenkt man dem Kopf die Liebe
zwar,
doch wird jetzt endgültig versagt,
was Herz und Körper sonst so plagt.

Man ist ja praktisch und bequem,
macht daraus gar kein Problem,
man friert die Liebe einfach ein,
für schlechte Zeiten, kann ja sein.

Bei Bedarf wird sie dann aufgetaut,
vielleicht ein bißchen vorverdaut,
so kommt sie wieder auf den Tisch,
mit Prädikat „so gut wie frisch".

Doch hat man dies zu oft probiert,
kann es sein, daß es passiert,
daß sie so hart bleibt wie ein Stein,
das muß wohl der Gefrierbrand sein.

Die Liebe landet auf dem Müll,
weil so was keiner haben will,
man holt sich dann was neu und
frisch
aus deutschen Landen auf den Tisch.

Schachspiel

Wie bei einem Schachspiel bewege
ich mich Zug um Zug,
überlege vor jedem Zug genau,
was er zur Folge hat.
Doch alle Strategie bringt mich
nirgendwohin, wenn ich alleine,
nur gegen mich selbst spiele.

Schubladen

Letzthin las ich in einem Buch aus
einer Esoterik-Reihe.
Ein Bekannter bemerkte es und frag-
te mich, was ich denn da
Abgehobenes lesen würde.

Ich antwortete ihm, daß ich bei dem,
was mir gefällt, nicht darauf achte,
in welche Schublade andere es
verbannt haben.

Übrigens, bei Menschen mache ich
es ebenso.

Der Schmetterling

Schillernde Farben im Flug,
luftiger Tanz der Freiheit,
so nascht er am Nektarkrug,
immer zum Abschied bereit.

Die Blumen lieben diesen Gesell',
obwohl er von einer zur anderen
tanzt,
denn sie lernten sehr schnell,
daß du ihn nicht halten kannst.

Berührst du die Flügel, so zart,
verliert er Farbe und Glanz,
und darin liegt verwahrt,
das Geheimnis von seinem Tanz.

Versuchst du zu erhaschen,
was er an Schönheit verspricht,
wird er auch an dir nur naschen,
bleiben kann er nicht.

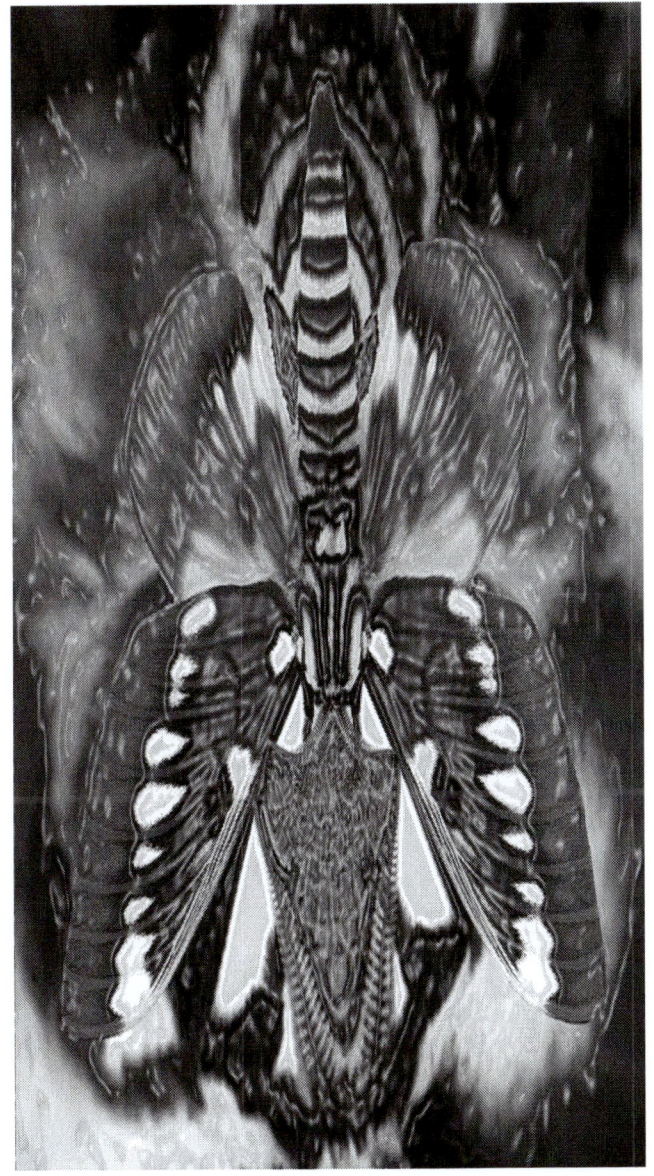

Schneller Tod

Meine Schmetterlinge sind gestorben.
Gestern flatterten sie noch aufgeregt
in meinem Bauch, als ich dich sah'.
Doch als du sagtest, daß du eine
andere liebst,
starben sie einen schnellen Tod.

Solange

Solange du bei mir bist, ist es leicht
Verständnis zu haben.
Erst wenn du gehst,
kommen die Gespenster
„Zweifel", „Angst" und „Phantasie",
die deine Gegenwart fürchten,
und überwältigen meine Zuversicht.

Seelentore

Selten sind meine Seelentore
gegen jedermann verschlossen,
meistens stehe ich davor,
obwohl,
hier wird oft scharf geschossen.

Und doch versteh' ich jene nicht,
die sich dahinter still vergraben,
ich brauche Sonne, Luft und Licht,
das sind die Dinge, die mich laben.

Drum steh' ich meistens vor dem Tor,
und lade ein mit offener Hand,
leihe jedem gern mein Ohr,
wenn ich ihn führe durch mein Land.

Sommernachtstraum

Im Elfenwald, da findest du,
oh Menschenkind, wohl niemals
Ruh'.

Wo Nymphen durch die Äste
schwirren,
und in Liebesträumen dich verwirren,

da wo Oberon Titania freit,
vergißt als Mensch man Raum
und Zeit.

Von Unsterblichkeit verwöhnt,
wird die Liebe dort verhöhnt.

So treiben Elfen dann ihr Spiel,
mit zuviel menschlichem Gefühl.

Erst wenn die Dämmerung anbricht,
und die Illusion zerbricht,

erwachst du unter einem Baum,
wie aus einem schlechten Traum.

Sprichwort

Man sagt es so im Volkesmund,
„der Krug geht zum Brunnen
bis er bricht"
doch von unserem dacht' ich's nicht.

Noch gestern schien er glatt
und rund,
nicht ein Sprung war dran zu sehen,
wie sollt' er heut' in Scherben gehen.

Der Stein der Weisen

Wie gut, daß wir
den Stein der Weisen
bis heut' noch nicht gefunden haben.
Noch kann ich in Gedanken reisen
und an Träumen mich erlaben.

Die Möglichkeiten sind so groß,
staunend les' ich
im Buch des Lebens.
Traurig finde ich es bloß,
viele verlernten
die Kunst des Sehens.

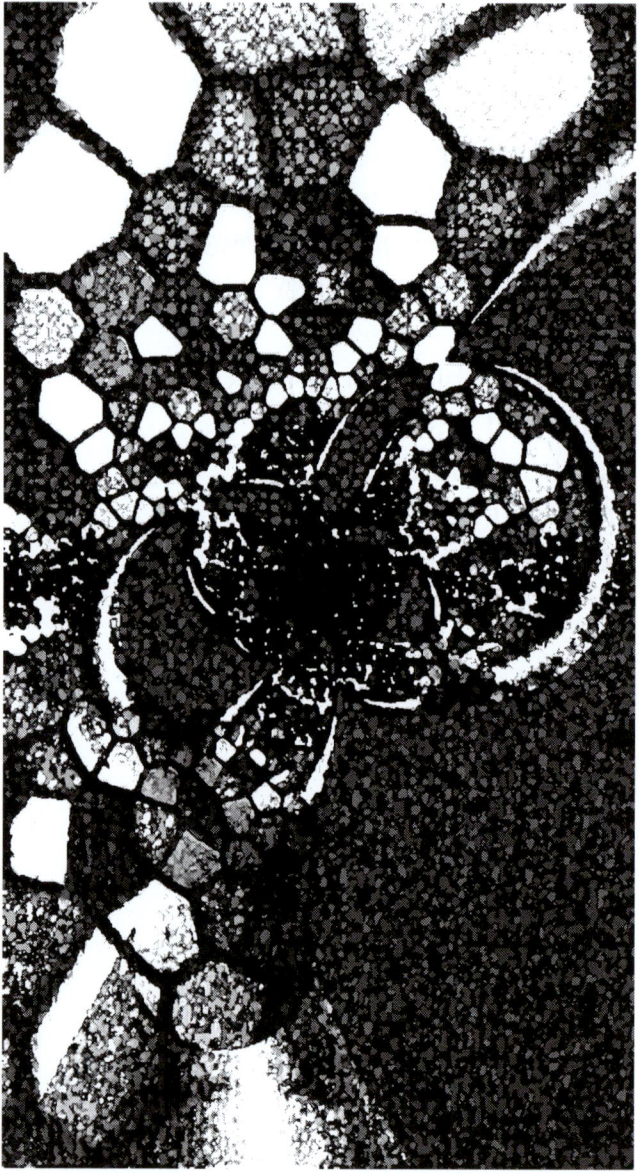

Sterntaler

Bist nicht so ganz von dieser Welt,
funkelst hell wie ein verirrter Stern,
der nächtens auf die Erde fällt.

Bist der Gedanke, windesschnell,
der durch meine Seele streift,
erst durch dich wird's dort so hell.

Bist Traumgespinst
und doch so wahr,
wer träumte schöner je als du,
bist Menschenkind und wunderbar.

Träume können nichts an Tatsachen ändern !

Daß Menschen nicht fliegen können,
ist eine Tatsache.
Wie gut, daß so viele Menschen
davon träumten.

Daß wir den Mond
nie erreichen würden,
war eine Tatsache.
Wie gut, daß so viele Menschen
davon träumten.

Daß es für viele Krankheiten
auf dieser Welt
noch keine Heilung gibt,
ist eine Tatsache.
Wie gut, daß so viele Menschen
davon träumen.

Daß du mich nicht liebst
ist eine Tatsache.
Wie gut, daß auch ich das Träumen
noch nicht verlernt habe.

Denn Tatsachen können nichts an
Träumen ändern !

Vergessen

Menschen sterben erst dann
den wahren Tod,
wenn sie vergessen werden ...

... auch dann, wenn sie eigentlich
noch leben.

Überleben

Mit der Urkraft Lebenslust
stähl' ich meinen Willen,
bekämpfe wütend den Verlust
und weine nur im Stillen.

Überwindung

Keine Mauer ist hoch genug,
als daß meine Träume mich nicht
darüber hinwegtragen könnten.

Kein Tunnel ist lang genug,
als daß meine Hoffnung mir nicht
immer das Licht am Ende zeigen
würde.

Und kein Schmerz ist groß genug,
als daß die Zeit ihn nicht heilen
könnte.

Un-gebrauchte Liebe

Un-gebrauchte Liebe,
an der man fast erstickt,
versetzt dem Herzen Hiebe,
die Seele wird geknickt.

Un-gebrauchte Liebe,
wie werd' ich sie nur los,
wie gern ich sie vertriebe,
sie ist so schwer und groß.

Un-gebrauchte Liebe,
fast so gut wie neu,
wie ich sie von mir schiebe,
doch sie bleibt mir treu.

Ungetrübter Blick

Ungetrübter Blick
auf menschliches Geschick
fällt unendlich schwer,
denn immer sieht man mehr.

Im Banne der Gefühle,
ob erhitzte, oder kühle,
die Fähigkeiten schwinden,
gelassen zu befinden.

Verstand

Verstand erhält nur dann die Macht,
wenn Gedanken
sich im Kreise drehen,
durchwachte deshalb manche Nacht
um gegen Träume zu bestehen.

Zeichen

Welche Zeichen gibst du mir,
ich kann sie nicht recht deuten,
wenn ich gerade denk', ich frier',
läßt du die Sonne wieder leuchten.

Verwechslung

Heute hast du die Gefühle
irgendwie verwechselt.
Ich zeigte spürbar Kühle,
sprach auch sehr gedrechselt.

Du sagtest, ich sei eifersüchtig,
das hat mich sehr verstimmt,
denn du bemerktest doch
nur flüchtig,
das irgendwas nicht stimmt.

Denn meine tiefe Traurigkeit,
hast du nicht einfach akzeptiert,
sondern mit deiner
Selbstverständlichkeit
als Eifersucht interpretiert.

Vom inneren Sterben

Unterkühlte Gefühle,
versteinertes Herz,
berechtigte Kühle,
unendlicher Schmerz.

Innerstes Sterben,
nach außen der Schein,
elendig verderben,
kann nicht ohne dich sein.

Warum

Warum weißt du nicht wie weh es tut,
warum zeigst du mir nur deine Wut,
warum spricht aus dir
nur noch der Zorn,
warum bin in deinem Fleisch
ich nur ein Dorn,
warum hast du unseren
Bund vergessen,
warum bist du nur
auf Neues noch versessen,
warum läßt du mich allein zurück,
warum bedeutet jeder andere Glück.

Gab's nicht mal 'ne bessere Welt,
wo ein Freund zum anderen hält.
Sag' mir, was dich dort vertrieb',
denn ich hab' dich doch noch lieb.

Welche Wahrheit

Welche Wahrheit willst du von mir
wissen ?
Es gibt so viele.

Die Wahrheit der Wankelmütigen,
die sich jeden Tag ändert.

Die Wahrheit der Ängstlichen,
die aus Furcht die Wahrheit
verdrehen.

Oder die Wahrheit jener,
die wissen,
das Wahres sich ändern kann,
und doch auch wahr ist,
weil sich auch Menschen ändern.

Zeit

Das beste Sinnbild von der Zeit,
ist wohl der Sand im Stundenglas.
Er zeigt uns an, wieviel noch bleibt
von unserem flücht'gen Lebensmaß.

So wie der Sand fast flüssig rinnt,
vergeht im Fluge jede Stund'
und in dem Glas, ein jeder sinnt,
tut Vergänglichkeit sich kund.

Drum sind Gold, Juwelen
und Geschmeide
im Wert nicht gleich mit meiner Zeit,
knapp bemessen sind zwar beide,
doch Zeit ist das, was ewig bleibt.

Zorn

Zur strahlendweißen Flamme
entfacht,
aus bereits schwelender Glut
erwacht,
wie es mich von innen verzehrt,
sich an jeder Kleinigkeit vermehrt.

Dieser Zorn, der ungerecht oft ist,
und doch so tief
und schmerzhaft frißt,
wie reut es mich dann hinterher,
doch ändern kann ich's dann
nicht mehr.

Dann hab' ich schon verletzt,
enttäuscht,
den Raum mit meiner Wut verseucht.
Begonnen hat es noch so wichtig,
erkenn' erst jetzt, es war nur nichtig.

Nichts ist soviel wert auf dieser Welt,
daß Haß mir mein Gemüt entstellt.
Denn es liegt in meiner Macht,
ob Zorn vergeht,
oder zum Sturm erwacht.

Auf der Flucht

Auf der Flucht vor dir
verstecke ich mein Herz
und hoffe, daß du mich findest.

Auf der Flucht vor dir
schaue ich mich um
und hoffe, dich zu entdecken.

Vielleicht komme ich
irgendwann da an,
wo ich nicht mehr auf dich hoffe,
aber im Moment renne ich noch.

Aufrecht

Aufrecht zu gehen,
zu mir selbst zu stehen,
habe ich von dir gelernt.

Deine Spuren verwehen,
doch Erinnerungen bestehen,
ich habe nicht alles verlernt.

Kann dich noch vor mir sehen,
lerne erst jetzt zu verstehen,
wo du schon so weit entfernt.

(An meine Oma)

Besessenheit

Von einer Idee besessen,
ringsum die Welt vergessen,
auf die Vollendung versessen,
wie, kann nur ich ermessen

und dann

erwachen, wie aus einem Traum.

Bodensee

Glitzerndes flimmerndes Licht,
weiße, schäumende Gischt,
blendendes Sonnengesicht,
das sich funkelnd im Wasser bricht.

Bodensee II

Buntes Segel über blauem See,
helle Häuser vor dunklem Wald,
male es, wie ich's gerade seh'
und bewundere der Farben Vielfalt.

Der Duft der vielen Rosen betört
und wer den Schlag der Wellen hört,
vergißt so manches Ach und Weh,
verklingt im Gesang
des Windes am See.

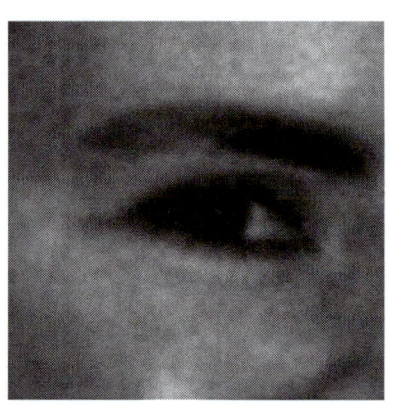

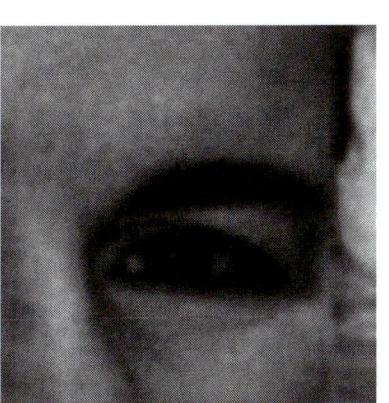

Deine Wärme

Als du heute Morgen gingst,
blieb deine Wärme im Bett bei mir,
ich kuschelte mich hinein
und träumte von dir.

Wie schaffst du es denn nur,
daß, trotz deiner Abwesenheit,
immer deine Wärme
um mich verweilt?

Es muß wohl ein Zauber sein,
den du in der Nacht webst
und in den kühlen Morgenstunden
um mich legst.

Der Bann

Du hast meine Seele berührt
und sie zum Fliegen verführt.

Du hast meine Ängste entdeckt
und dann meinen Mut geweckt.

Du hast mein innerstes Ich
angesprochen
und damit den Bann gebrochen.

Der Eine

Wo ist der Eine,
der mich küßt,
nach einem Tag mich schon vermißt.

Wo ist er,
der sich nach mir sehnt,
der mich bereichert und verwöhnt.

Wo ist er,
dessen Arm mich hält,
der mir zuhört, mir erzählt.

Wo ist er,
dieser eine Mann,
den ich einfach lieben kann.

Der Turm

Ich erbaute meinen Turm,
mitten im wütenden Sturm,
nur zu meinem eigenen Schutz,
es war reiner Eigennutz.

Wollt' hoch hinaus mit dieser Wehr,
dort unten hielt es mich nicht mehr,
wollte eins sein mit dem Wind,
und war doch vor Stolz so blind.

Ich sah' nicht die Einsamkeit
dort oben,
wo nur Winde spielend toben,
zu steil für Freunde zu erklimmen,
der Wind verwehte ihre Stimmen.

So klingt es nach in meinem Ohr,
was war ich denn nur für ein Tor.
Sie sagten es mir überall,
Hochmut, der kommt vor dem Fall.

Drachenflug

Ich wollte meinen Drachen heute
steigen lassen.
Der Wind stand günstig, und er stieg
immer schneller,
immer höher.

Als das Seil zu Ende war,
wußte ich auf einmal nicht mehr,
was ich tun sollte.
Ihn loslassen und immer weiter
steigen lassen, in der Hoffnung,
daß er wieder zu mir zurückkommt
und ich ihn auffangen kann.

Oder lieber festhalten
auf die Gefahr hin,
daß er sich losreißt und abstürzt,
irgendwo, wo ich ihn
nicht mehr finde.

Beides barg die Möglichkeit,
ihn zu verlieren.

Ich ließ los, folgte seinem Flug,
bis ich ihn nicht mehr sehen konnte,
ging heim und weinte.
Ich schwor mir, nie wieder einen
Drachen fliegen zu lassen.

Dann traf ich dich und versuche es
seitdem tagtäglich
aufs Neue.

Durst

Ich bin auf der Suche
nach einem Getränk,
das hierzulande
kaum einer kennt.

Ein Schuß Unbeschwertheit
ist mit drin
und auch die Freundlichkeit
macht da noch Sinn.

Nur der findet die Oase,
der offen für die Menschen ist,
er folge nur stur seiner Nase,
und traue keiner Hinterlist.

Und nur der, der durstig ist,
und sich auf die Suche macht,
der all' dies nicht vergißt,
ist der, der als letzter lacht.

Echtes Glück

Ein Sonnenstrahl, auf dem ich reise,
im Herzen eine frohe Weise,
die hell und klar in mir erklingt
und Lebenslust zum Ausdruck bringt.

So strahl' auch ich von innen her,
und finde keine Worte mehr,
wer träfe auch, trotz viel Geschick,
das rechte Wort für echtes Glück.

Ein Blatt Papier

Es war einmal ein Blatt Papier,
geschöpft war es mit eigener Hand,
das Wasserzeichen, welche Zier,
ward stets als edel anerkannt.

So tritt dies Blatt die Reise an,
wird mit Tinte eng beschrieben,
geknickt, oder gefalzt sodann,
und verschickt, ganz nach Belieben.

Mancher hat zu Papier gebracht,
konnte sich nicht leicht von trennen,
was er als Kunstwerk sich gedacht,
das wir heut' als solches kennen.

Doch jede Reise hat ein Ende,
auch Papier reißt mal entzwei,
selbst
wenn ich's sparsamst nur verwende,
doch halt, es ist noch nicht vorbei.

Recycling heißt das Zauberwort,
aus alt mach' neu ist die Devise,
so lebt das Blatt Papier noch fort,
übersteht im Wandel manche Krise.

Nun wünsch' ich Ihnen viel Plaisier,
mit diesem meinem Blatt Papier,
für mich gibt's kaum 'ne größere Zier,
als dieses
wunderschöne Blatt Papier.

Eine furchtbare Vorstellung

Gestern hatte ich einen furchtbaren
Traum.
Ich fuhr mit meinem Auto eine Straße
entlang und hörte gute Musik,
als ein Raumschiff neben mir landete
und mich mitsamt dem Auto mitnahm
auf einen fremden Planeten.

Dort wurde ich als
„MENSCH,
wohnhaft auf dem Planeten Erde"
ausgestellt. Meine Umgebung wurde
in Plastik nachgestellt und ich wurde
in mein Auto gesetzt.
Zu bestimmten Fütterungszeiten
gab man mir Cheeseburger
und Vitamintabletten.

Ich erwachte, als mich viele fremde
Wesen interessiert betrachteten.

Es kam wohl davon, daß ich am Tag
zuvor im Zoo gewesen war.

Erinnerung

Manchmal fehlt einfach der Schwung,
dann erliege ich der Neigung,
das Rad der Zeit zurückzudrehen,
nur um wieder bei dir zu stehen.

Ich wünsche mir die Zeit zurück,
von Beschaulichkeit und Glück.
Die Gewißheit gewinnt an Raum,
Hoffnung gibt es dazu kaum.

So ist nunmal der Weltenlauf,
oftmals runter, doch auch rauf,
aber was mir keiner nehmen kann,
ist die Erinnerung daran.

Erkenntnis

Zuerst war ich atemlos, dann kam
der Schmerz.
Du liebst eine andere.

Dann folgten Telefonate
mit Freundinnen
und zu guter Letzt
zwei Bier mit einer Schlaftablette.

Als ich zum Fenster raussah,
bemerkte ich
einen wolkenlosen Sternenhimmel.
Und da wurde mir klar,
die Erde dreht sich trotzdem weiter,
und die Sterne leuchten immer noch,
auch für mich.

Auktion

Kannst du es mir nicht eher sagen.
Dann kann ich mein Herz in
Sicherheit bringen.

So ist es wieder
unter den Hammer gekommen
und der Preis war zu hoch.

Erreichbarkeit

Welche Sprache muß ich sprechen,
damit du mich erhörst ?

Welche Zeichen muß ich senden,
damit du mich bemerkst ?

Welcher Laut, geboren aus Schmerz,
berührt dein Herz ?

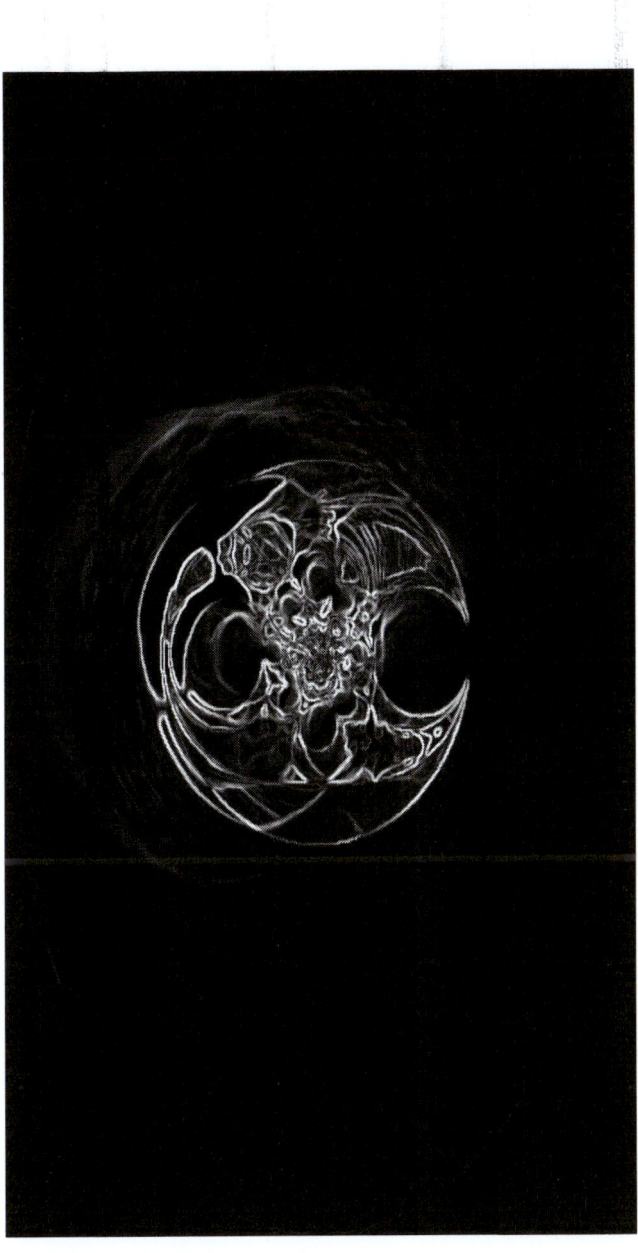

Frage

Warum vertraust du mir denn nicht,
hast du es denn nie verstanden,
es zerriß nur eins von vielen Banden,
daß heißt nicht, daß nun alles bricht.

Warum glaubst du mir denn nicht,
wenn ich es dir ehrlich sage,
daß ich daran nicht verzage,
sondern suche
nach dem neuen Licht.

Doch sag' mir eines unumwunden,
willst du wirklich was bewahren,
aus unseren schönen Jahren,
oder fühlst du dich nur
pflicht-verbunden.

Hilf' mir die Wahrheit rauszufinden,
wenn dir etwas an mir liegt,
dann zeig' mir wieder, wie man fliegt,
und wir steigen beide
mit den Winden.

Viele Fragen

Ich frage viel und gerne. Manche
denken, ich frage nur, um zu
fragen. Das stimmt nicht.
Ich frage, um eine Antwort zu
erhalten. Um mir auf meinem Weg
immer mehr Wissen anzureichern.
Dieses Wissen soll mir helfen, mich
auf meinem Weg zurechtzufinden.

Wer nicht mehr fragt nach dem
„Warum" und „Warum nicht"
wird träge, er bleibt stehen.

Ich möchte noch viele Fragen stellen
und noch viele Wege gehen, denn
das ist für mich der Beweis,
daß ich lebe.

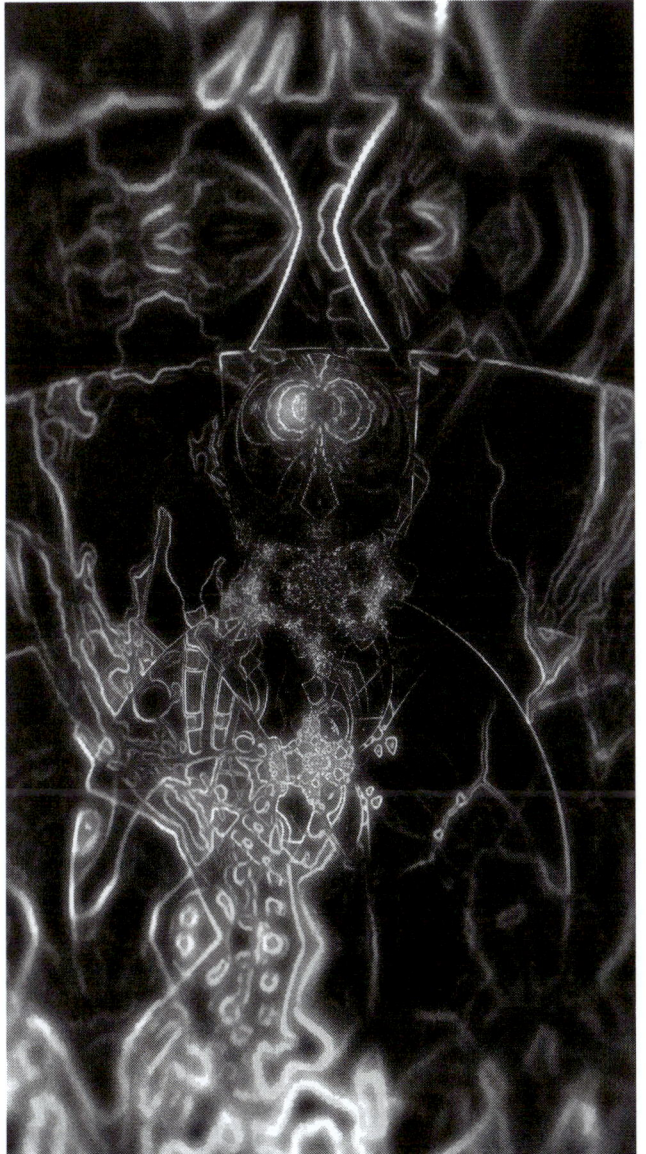

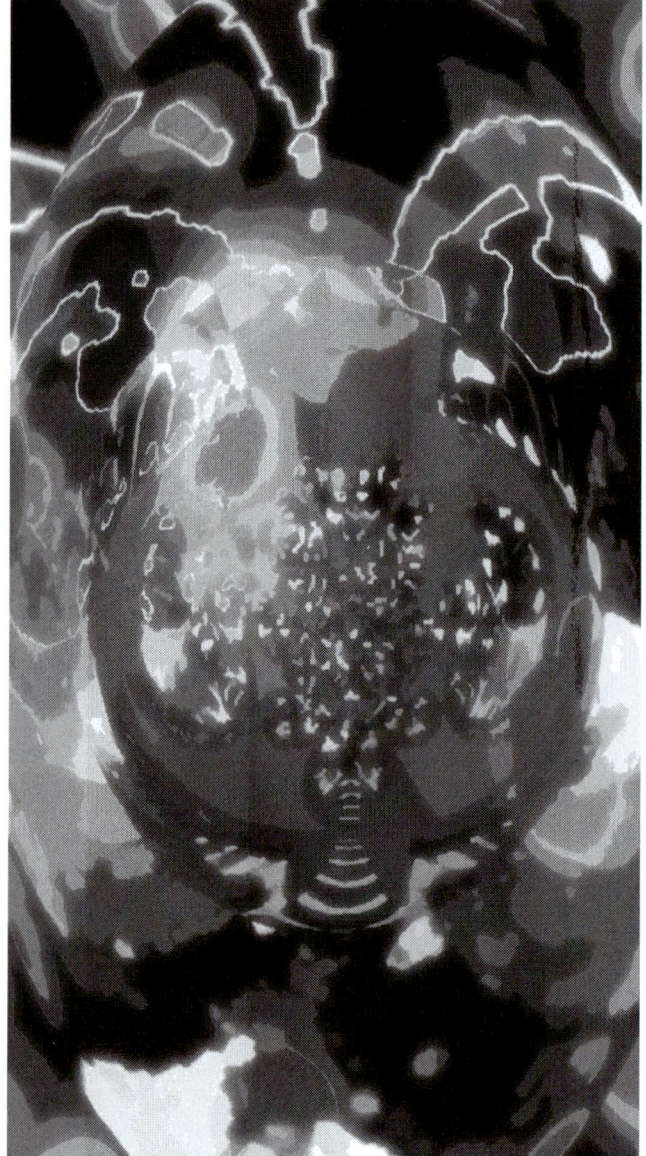

Frankfurt am Main

Meine Stadt,
verrucht, verpönt,
unbeholfen geschönt,
mancherorts gefährlich,
selten ehrlich,
aber meine Stadt.

Meine Stadt
Finanzmetropole,
nebenan die Talsohle,
arm neben reich,
mal hart, mal weich,
aber meine Stadt.

Hier kenn' ich mich aus,
hier bin ich zuhaus',
in meiner Stadt.

Frühling

Die Welt sieht aus
wie frisch gewaschen,
es riecht nach Gras und Blumenduft,
am Himmel spielen Wolken Haschen,
ja, der Frühling liegt in der Luft.

Das frische Grün traut sich hervor,
deckt wintergrauen Asphalt zu,
und schüchtern noch
dringt's an mein Ohr,
ein Amselruf, stört Wintersruh'.

Für Sie

Bringst du ihr die Blumen mit,
die du bei mir immer vergißt ?

Schreibst du ihr die Liebesbriefe,
nach denen ich mich vergebens
sehne ?

Singst du ihr die Lieder,
die in meinem Herzen ungehört
verklingen ?

Schenkst du ihr die Liebe,
die ich dir seit so langer Zeit
entgegenbringe ?

Wann bringst du ihr
meinen Schmerz,
meine Wut
und meine Enttäuschung ?

Gedankenlos

So gedankenlos verletzt,
so schnell den kleinen Hieb versetzt,
von Seelen, die zu lang
im Eis verharrten,
darf man Schonung nicht erwarten.

Man kommt schnell unter die Räder,
schaufelt anderen dabei Gräber,
wo bleibt hier nur die Menschlichkeit,
die doch dem Menschen
Sinn verleiht.

Die Freundlichkeit bleibt auf der Spur,
denn jeder sieht sich selber nur.

Gestern

Zuviel zugleich gefühlt,
so schrecklich aufgewühlt,
in Worte gebunden,
was so stark empfunden.

Heute

Möchte nicht verweilen
bei den alten Zeilen,
fühle Verständnislosigkeit
für Gefühle in vergangener Zeit.

Heimweh

Schmale Straßen führen
durch's Land,
wie ein dunkles langes Band,
leiten dich zu einem Ort,
oder von 'nem anderen fort.

Führen durch Landschaften
so schön,
mit Bergen, Flüssen, Wäldern, Seen,
und in einem Sonnenuntergang
fährst du die Allee entlang.

Die Dämmerung,
sie kommt ganz sacht,
helle Fenster leuchten in die Nacht,
die Sterne strahlen voller Pracht,
und ich spür', wie's Heimweh
in mir erwacht.

Ich komme heim

Ich komme heim
zu meinen Gefühlen zu dir.
Alles ist so vertraut,
vielleicht ein bißchen verstaubt.

Ich hege den Keim
den du legtest in mir
und erfreue mich dran,
solange ich nur kann.

Doch bleibt es geheim,
daß ich nicht verlier'
was ich nicht halten kann,
diesen flüchtigen Mann.

Kalte Augen

Wie kommt es,
daß deine Augen
so kalt sein können ?

Sie können leuchten,
wenn du dich freust,
blitzen, wenn du zornig bist
und sich trüben,
wenn du traurig bist.

Doch diese Kälte
ist die Gleichgültigkeit.

Das einzige Gefühl,
vor dem ich Angst habe.

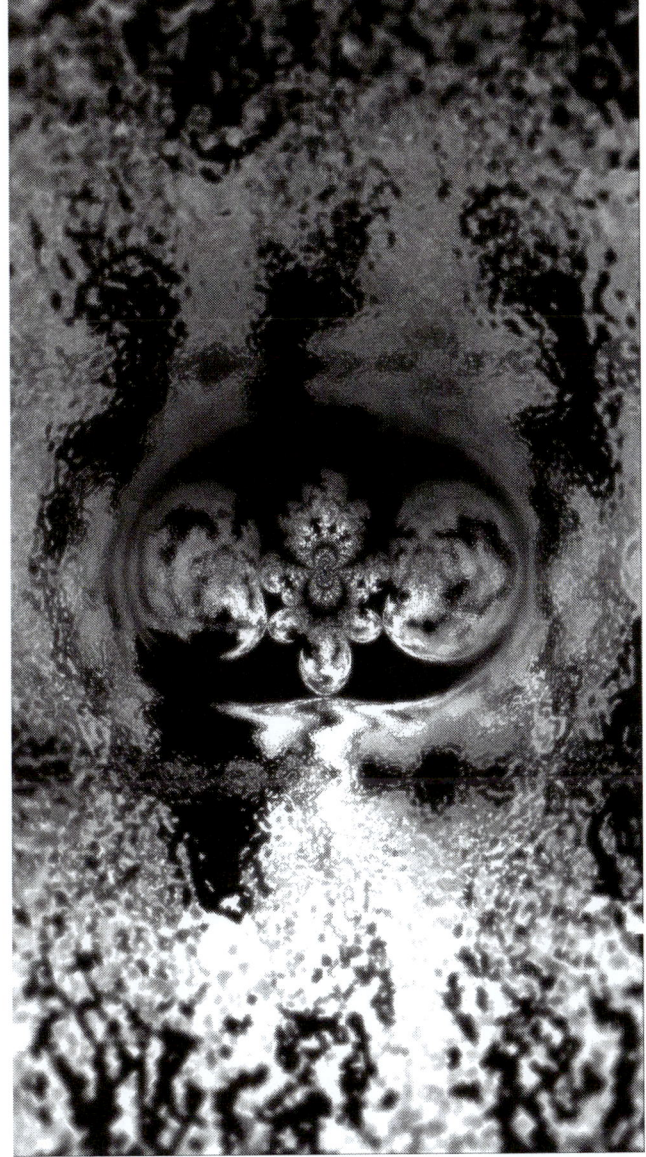

Lachen

Mein Lachen ist nicht reserviert
für irgendwen und irgendwann.

Das Schöne ist, daß es passiert
und einfach jedem gelten kann.

Lebenswertes Leben

So ungezügelt
geistbeflügelt

die Seele entriegelt
die Liebe gespiegelt

ganz unverdrossen
Leben genossen

Mallorca

Unglaubliches Blau,
wie ein Kristall so klar,
Schattierungen so wunderbar,
unzählige, je tiefer ich schau'.

Farben, die ich nie gesehen,
unendlich klar und wunderschön,
Luft, die von den Düften schwer,
weckt manch' menschliches Begehr.

Atme tief ein den Duft nach Jasmin,
auf daß er betört deine Sinne,
die Sorgen laß'
mit dem Winde ziehen
und der Lebensreigen beginne.

Mein Kampf

Ich habe nicht um dich
gekämpft

Ich habe nicht gegen sie
gekämpft

aber

ich habe für meine Liebe
gekämpft

Muse

In einer sternenklaren Nacht,
von meiner Muse nur geleitet,
hin zu schöpferischer Macht,
die mir den Weg fortan bereitet.

Kunst

Wenn Kunst die Seele findet,
sich Seele dann mit Kunst verbindet,
ist das, was dann entsteht,
Kreativität.

Naturschutz

Gräser, die im Wind sich biegen,
ein Baum, der leis' dir zugeraunt,
Wolken, die am Himmel ziehen,
die Natur ist gutgelaunt.

Vögel, die sich was erzählen,
mir war, als hätte ich's geträumt,
wie sie zwitschernd davon sprachen,
die Natur ist aufgeräumt.

Doch als ich auf dem Heimweg war,
hab' ich verstanden und geweint,
denn da habe ich's gesehen,
die Natur ist eingezäunt.

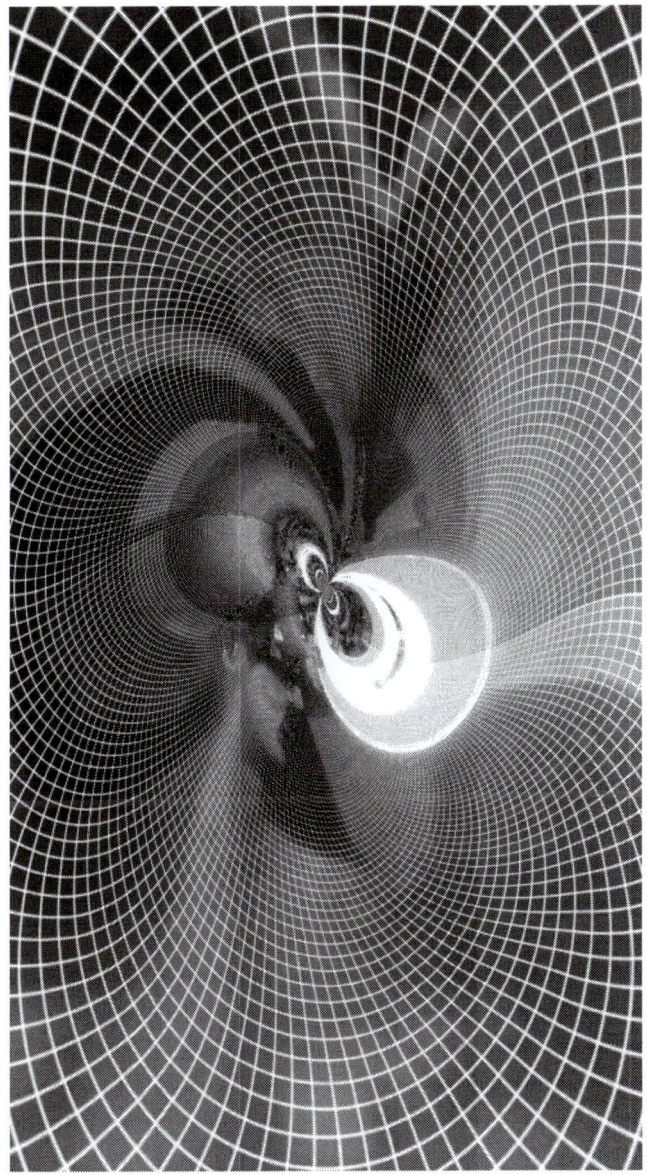

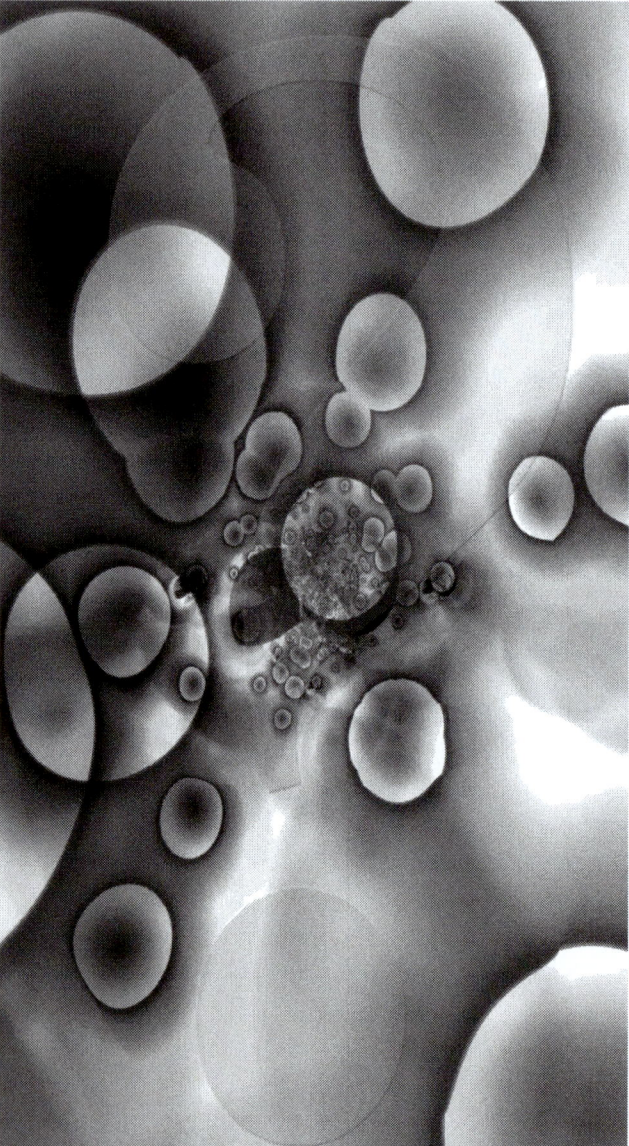

Neue Welten

Neue Welten sehen,
andere Wege gehen,
das Alte verlassen,
sich neuem anpassen,
vertrautes verlieren,
ein Ziel anvisieren.

Ach, sei's drum,
ich zieh' um.

Neujahr

Ein neues Jahr hat nun begonnen,
das alte ist wie Sand verronnen,
erinnernd blicke ich zurück,
auf manches Leid,
doch auch auf Glück.

Die Zukunft ist so ungewiß,
schrei' auf mein Herz,
doch dann vergiß,
aufs neue lerne zu vertrauen,
wieder auf die Zukunft bauen.

Das Leben lehrt uns jedesmal,
daß auch nach größter Qual,
die Freude wieder Einzug hält
und aufgefangen wird, wer fällt.

Im Schoß des Lebens zu begreifen,
daß wir erst dann
zu Menschen reifen,
wenn im Anderen wir uns erspähen
und erst durch ihn
uns selbst verstehen.

Abschied

Ich denke, es ist Zeit Abschied zu
nehmen.
Ich glaube, ich bin soweit und habe
keine Tränen.

Ein Lebwohl muß es sein
und kein Auf Wiedersehen,
wir lassen uns allein,
doch beide müssen wir gehen.

Jeder in die andere Richtung,
fort von dem, was übrigbleibt,
es bliebe doch nur die Verpflichtung,
die alles andere vertreibt.

Alte Liebe

Die Gesten angefüllt
unendliche Zärtlichkeit
zwei Menschen eingehüllt
in vertrauter Zweisamkeit.

Wie zärtlich sie blickt
er streichelt die Hand
worauf sie dann nickt
ein wortloses Band.

Lange Jahre zu zweit
schmiedeten das Band,
ihre Gemeinsamkeit
hat wohl auf ewig Bestand.

Alte Liebe II

Sie fragt ihn,
ob er sie noch liebt.
Gelangweilt antwortet er,
daß er's ihr schon tausendmal
gesagt.

Zweifelnd fragt sie sich,
ob die Phrase nur so hingesagt.
Denn wer wirklich liebt,
reagiert nicht so unbehagt.

Er fragt sich,
warum sie denn nicht weiß,
daß er sie liebt.
Traut sie dem nicht, was er sagt ?

Und so bleibt beiden Unbehagen,
haben sich nichts mehr zu sagen.

Sind Liebe und Vertrauen
auch dann noch da,
wenn man einfach darauf
vertrauen muß
und wenn die Liebe
unausgesprochen bleiben kann ?

Aphorismen

Nur wer nach den Sternen greift,
kann Sternschnuppen erhaschen.

Schüler sollten ihre Lehrer immer
überflügeln,
das sind sie ihren Lehrern schuldig.

Schwach / Stark

Schwach
- sind die Menschen, die nur ihre
Schwächen kennen.

Stark
- sind die Menschen, die in ihren
Schwächen ihre Stärke
    erkennen.

Augen-blick

Sah' in deine Augen,
um mich zu finden.

Und sah' nur dich,
wandte mich ab
und vergaß'
nach dir zu suchen.

Luftschiffe

Solange Männer eher der
Kompaßnadel folgen,
als einen Kurs zu berechnen,
möchte ich mich ihren Luftschiffen
nur ungern anvertrauen.

Baumliebe

Unter Buchen
mußtest du mich suchen.
Unter Linden
solltest du mich finden.
Unter Platanen
ließest du's mich ahnen.
Unter Pappeln
ließest du mich zappeln.

Und hinterm Busch
kam dann der Tusch.

Der Schmerz

Der Schmerz war so groß,
daß ich blindlings um mich schlug.

Ich war so verletzt,
daß auch ich verletzen wollte.

Es ist traurig,
daß es dann immer die trifft,
die am nähesten dabeistehen,
meine Freunde.

Konsequenz

Nur weil ich etwas verstehe
nur weil ich etwas akzeptiere
nur weil ich etwas hinnehme

heißt das noch lange nicht,
daß es mich nicht verletzt.

Gleichklang

Zwei Menschen,
die im Gleichklang schwingen,
wo Herzen eine Melodie nur singen,
verfallen diesem Zauberbann,
der Berg und Fluß versetzen kann.

Mummenschanz

Was ist nur Schein,
was wahrer Glanz,
die Masken scheinen alle gleich,
schwierig ist im Mummenschanz
des Lebens der Vergleich.

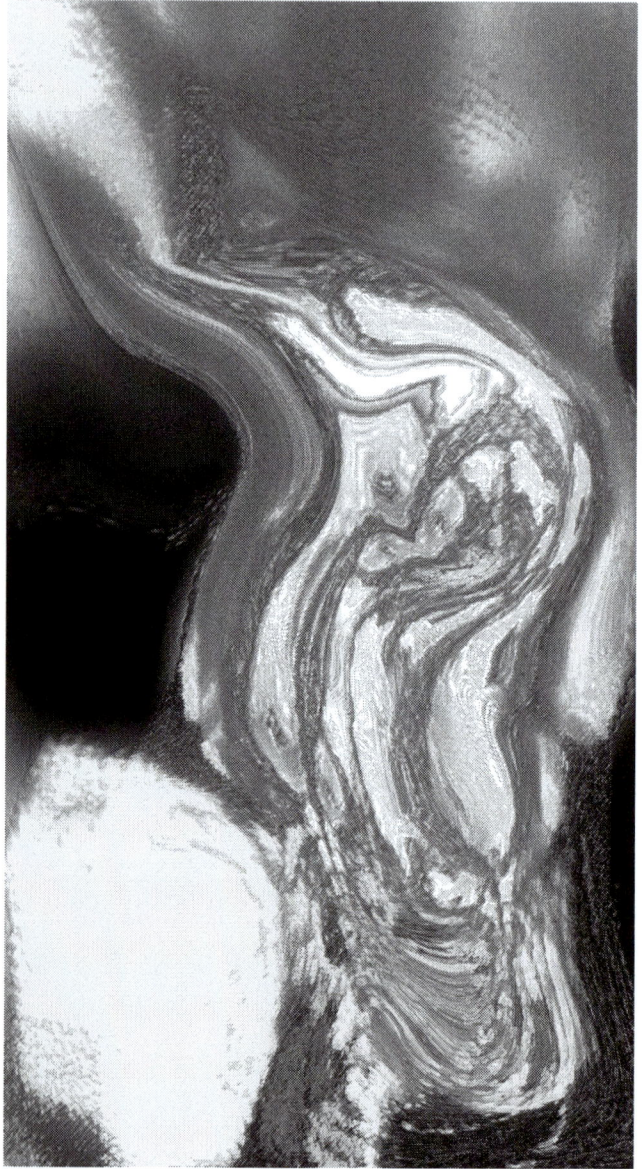

Haikus   „ SOMMER „

Wie den Sommerwind
spüre ich deinen Atem
warm auf meiner Haut.

Sonnenwarmer Wind
verweht trübe Gedanken
an den nahen Herbst.

Sommer, wie geträumt,
in der flirrenden Hitze
schlaftrunken versäumt.

Sehnsucht nach dem Tag,
wenn der Sommer dann endlich
seinen Einzug hält.

So ungezügelt
Sommersonne lacht mich an
Leben genießen.

Fruchtbringende Zeit
voll sonnenwarmer Süße
Ernte des Lebens

Ich erinnere mich

Ich erinnere mich
Ich erinnere mich
Ich erinnere mich

an die tiefen Momente
an die glücklichen Tage
an die lustigen Stunden

und es schmerzt zu wissen,
daß die Erinnerungen alles sind,
was bleibt.

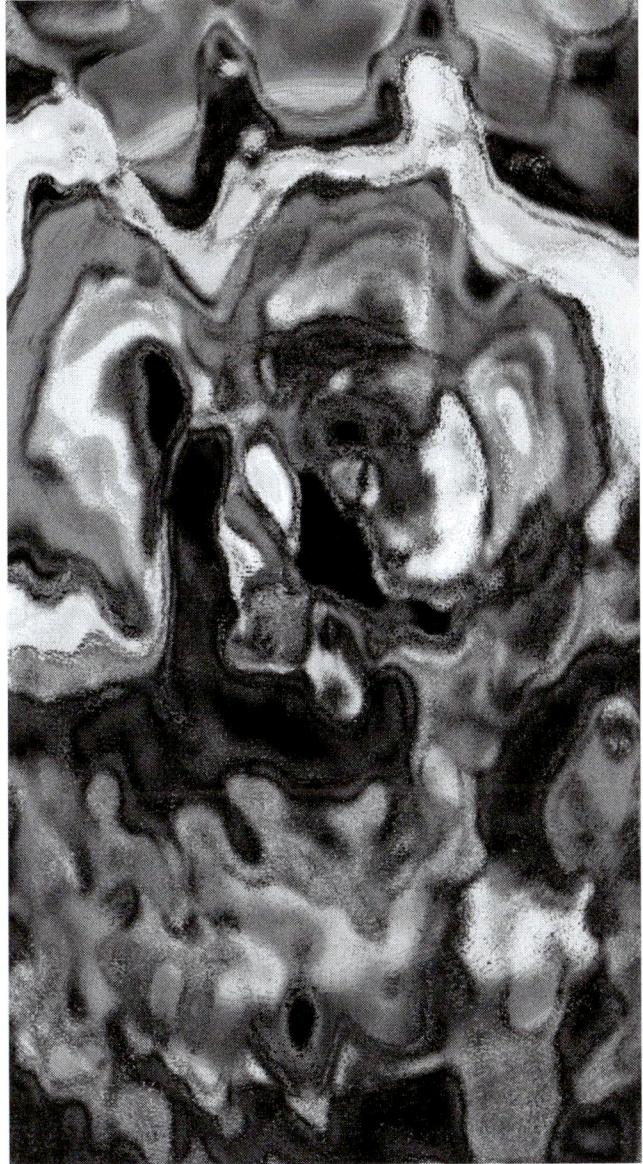

Kann es nicht

Kann nicht damenhaft sein,
dazu bin ich zu spontan.

Kann nicht diskret sein,
dazu bin ich zu ehrlich.

Kann nicht niedlich sein,
dazu bin ich zu stark.

Kann und will nur
ich selber sein
und nicht das,
was andere sich von mir wünschen.

Mein Herz lachte

Mein Herz flog dir zu,
bis du meine Flügel gestutzt hast.

Mein Herz schlug für dich,
bis du mich in einen schalldichten
Raum gesperrt hast.

Mein Herz lachte,
bis du es gebrochen hast.

Metamorphose

Ich streif' den Mantel ab,
zu lang war ich verborgen,
log' mein eigenes Ich ins Grab,
verschob' mich selbst auf Morgen.

Ich lerne wieder aufrecht gehen,
was ich denke, sprech' ich aus,
und muß mir selber zugestehen,
nur in mir ist mein Zuhaus'.

Mit-teilung

Es gab eine Zeit,

da habe ich deinen Schmerz
wie meinen eigenen empfunden

und deine Freude
war ungeteilt auch meine.

Aber heute teilen wir nichts mehr,
und das geht soweit,
daß wir uns auch nichts mehr
mitzuteilen haben.

Naturgewalten

Eine Mauer aus Wind
ein Meer der Wolken
zieht dahin geschwind

Zum Bersten geschwollen
aus unzähligen Blitzen
ein tosendes Grollen

Reflektion

Bist kein Ebenbild meiner selbst.
Bist nicht meiner Seele Spiegel.

Und doch sehe ich in deine Augen
und
versuche mich darin zu finden.

Reisen

In ferne Länder zu reisen,
den ganzen Erdball zu umkreisen,
wer träumte nicht einmal davon,
wie einst ein Marco Polo schon.

Zu See, zu Lande, in der Luft,
wen es in die Ferne ruft,
der fragt nicht lang, wohin es geht,
wenn es in den Sternen steht.

So reist der Mensch
durch diese Welt,
wenn er die Augen offen hält,
wird er manches Wunder sehen
und es vielleicht sogar verstehen.

Risiko

Wagte nichts
und gewann.

Wagte wenig
und gewann.

Wagte alles
und verlor.

Bin spielsüchtig
nach dem Roulette der Liebe.

Schwärmerei

Der Zauber ist verflogen,
öd und stumpf ist jetzt dein Charme,
ich weich' zurück vor deinem Arm,
hab' dir meine Lieb' entzogen.

Wo einst dein Wort mir alles war,
ein Blick von dir mein Seelenheil,
zerbrech' ich heute Armors Pfeil
und tilge deinen Namen gar.

Erinnerung verklärt den Blick,
vielleicht werd' ich einst sagen,
warst mein Held in früheren Tagen,
doch dahin gab's nie ein Zurück.

Tanz

Weisen, die die Menschen verführen,
Rhythmus, in dem der Körper erbebt,
Worte, die die Seele berühren,
Musik, die uns alle bewegt.

Der unerklärliche Zauber,
so alt wie unsere Welt,
so daß sogar ein Tauber
dem spürbaren Rhythmus verfällt.

Ich kann es nicht bezwingen,
wenn Musik erklingt, dann
will jede Faser meines Körpers
schwingen,
wie es nur im Tanz sein kann.

Täuschung

Wie durch einen zarten Schleier
erblicke ich das Bild,
zum großen Teil bereits verhüllt,
auf unserer Abschiedsfeier.

Die Gestalten schon verzerrt,
Gesichter scheinen maskenstarr,
in Gedanken weggesperrt,
es darf nicht sein, wie es doch war.

Transplantation

Ich pflanzte dir mein Herz ein.
Ich hauchte dir meine Seele ein.
Ich vertraute dir meine Gedanken an.

Und dann wunderte ich mich,
daß du mich nur noch reflektiertest
und ich nicht mehr hinter den Spiegel
sehen konnte,
den ich vor dich gestellt hatte.

Unverdünnt

Kein Mut, der mich drängt,
kein Stolz, der mich hindert,
keine Scham mich verhängt,
nichts, was den Eindruck lindert.

Mich gibt es pur,
garantiert unverdünnt,
da bleib' ich stur.

Unwirkliche Wirklichkeit

Unwirkliche Wirklichkeit,
ich gleite durch den Raum, die Zeit,
doch sehe ich was wirklich ist?
Weiß ich wer du wirklich bist?

In welchen Welten lebe ich,
umgeben diese gar nur mich?
Ist der Gedanke meine Welt,
wird durch den Geist sie erst erstellt?

Vermag nicht zu durchschauen,
denn es erfaßt mich Grauen,
wähle die Ungewißheit
und erahne nur Unendlichkeit.

Vergänglichkeit

Sitzend unter einem Baum
lausche ich der Stille,
bewundere die Fülle
der Farben im Herbsttraum.

In dem bunten Farbenspiel
ergreift mich bang die Frage,
wie lang noch sind die Tage
erreiche ich denn auch mein Ziel ?

Der Herbst ist stete Mahnung
ans Leben nur zu denken,
den Tag nicht zu verschenken,
dies sei' mir meine Losung.

Voller ...

Voller Überzeugung
voller Erregung
voller Begeisterung

... da kann nun mal auch
etwas voll daneben gehen.

Unterschied

Bitte unterscheide :

Mit meinem Kopf verstehe ich dich,
aber mein Herz ist trotzdem verletzt.

Wie im Flug

Unsere Flügel berührten sich,
ein kurzer Moment,
er verging im Flug.

Deine Blicke verbrannten mich
und meine Seele bekennt,
du entfachtest die Glut.

Jetzt vermiss' ich dich,
die Flügel versengt.
Und doch war es so gut.

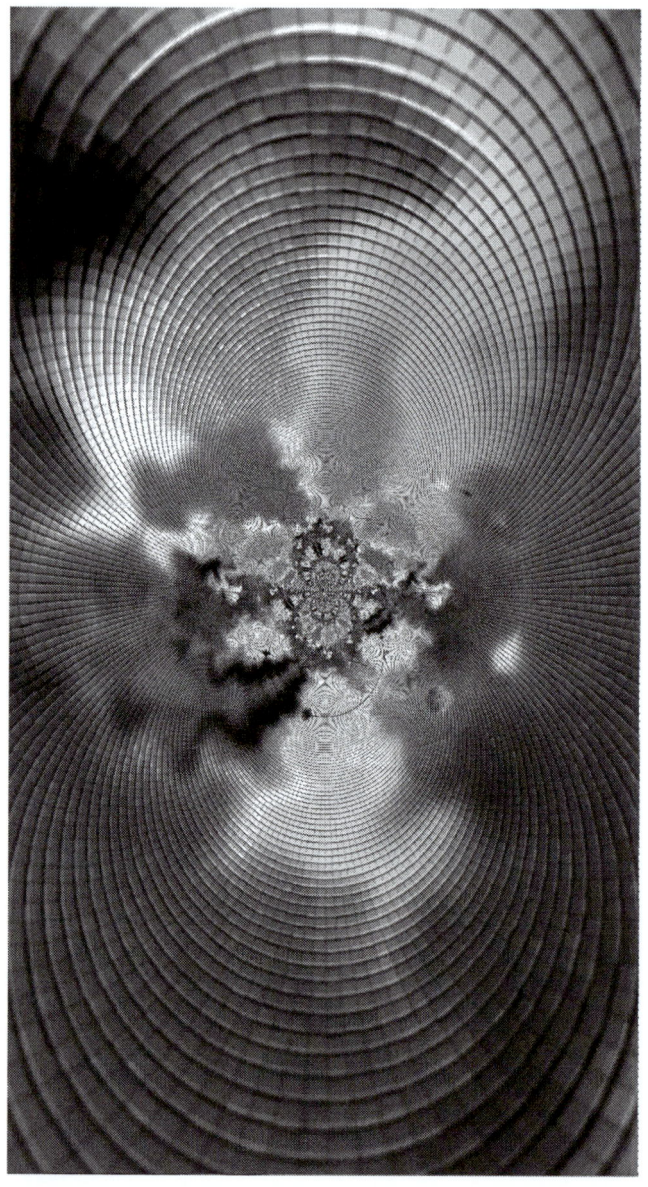

Ägypten

Unnahbare Schönheit in Stein
aus einer längst vergang'nen Zeit
zeugen uns von ihrem Sein
und von Unvergänglichkeit.

Spuren lebendiger Kultur,
einst mit soviel Sinn erdacht,
bestaunen können wir sie nur
und sind dabei oft unbedacht.

Ihr Heiligtum betreten wir
in unserer unbedarften Art,
verstehen nicht, wir treffen hier
auf eine Gottheit, unbewahrt.

Fels in der Brandung

Bist mein Fels in der Brandung
an dem sich schäumend
die Welle bricht.
Bist mein Pilot bei der Landung
und darum fürchte ich mich nicht.

Bist in meiner Circuswelt der Star,
dein Lächeln ist der Zauberspruch.
Bist ein Geheimnis, unsagbar,
und doch auch offen wie ein Buch.

Bist wie die Wurzeln für einen Baum,
für mich ein ganzer Lebensraum.

Bist unter meinen Flügeln
frischer Wind,
der mich mit sich aufwärts nimmt.

(Für Ralf)

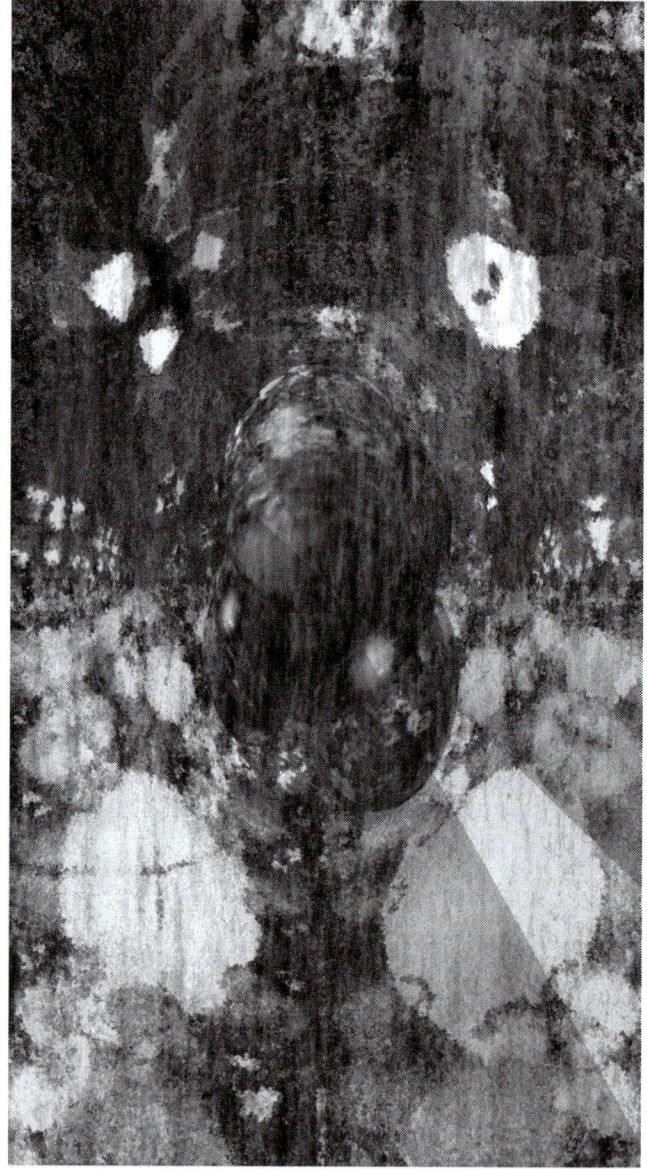

Auf Biegen und Brechen

Unbändiger Schmerz,
der mich beugt,
Enttäuschung, Kummer, Wut erzeugt.

Verlust der mir den Atem nimmt,
unter dem sich meine Seele krümmt.

Tränen, die die Trauer bringt,
mich gänzlich in die Knie zwingt.

Alles dies tust du mir an
und denkst noch, es ist wohlgetan.

Wenn ich auch zu Boden gehe,
ich sage dir, wie ich es sehe :

In den Staub werd' ich mich biegen,
gepeinigt dort am Boden liegen.

Doch dann erheb' ich mich gestärkt,
der Himmel wieder aufgeklärt.

Brechen werd' ich sicher nicht,
nur starke Bäume biegen sich.

Geisterschiff

Rastlost irrte ich umher
ziellos im unendlichen Meer,
traf' manch' anderes Geisterschiff,
sah' manches Wrack auf einem Riff.
Gehorchte nur den Winden,
konnte keine Ruhe finden.

Irgendwann sah' ich dein Licht,
doch vertraute ich ihm nicht.
War's wieder der Klabautermann,
dem man nicht vertrauen kann.
Und dann konnte ich ihn sehen,
aufrecht in der Brandung stehen.

Fand' so meinen Weg zu dir,
du nahmst diesen Fluch von mir,
konnte hier den Frieden finden
geschützt vor rauhen Winden.

Geisterschiff II

Ein Sturm kommt auf
spüre ich
Zeichen setzt du
hinlänglich

Den Hafen
verlasse ich
das Meer vor mir
unendlich

Und dort verliere
ich mich
werde wieder Geisterschiff,
ich .

...-los
(die Stufen eines Abschieds)

lieb - los
glück - los
ersatz - los
hemmungs - los
fassungs - los
orientierungs - los
sinn - los
rat - los

Neues Los !

Weitere Bücher von Tanja Schard bei

Zusammenschluß von freischaffenden
Künstlern -ohne Rechtsform-